일공스님 제2시집

지금, 바로 여기

지금, 바로 여기

2021년 8월 20일 제 1판 인쇄 발행

지 은 이 ㅣ 일공스님
펴 낸 이 ㅣ 박종래
펴 낸 곳 ㅣ 도서출판 명성서림

등록번호 ㅣ 301-2014-013
주   소 ㅣ 04552 서울시 중구 삼일대로8길 17 3~4층(충무로 2가)
대표전화 ㅣ 02)2277-2800
팩   스 ㅣ 02)2277-8945
이 메 일 ㅣ ms8944@chol.com

값 10,000원
ISBN 979-11-89678-87-6

※ 잘못 만들어진 책은 바꿔드립니다.
  이 책 내용의 일부 또는 전부를 재사용하려면
  반드시 저작권자의 동의를 얻어야 합니다

일공스님 제2시집

지금, 바로 여기

도서출판 명성서림

시인의 글

**마음의 주인공,
이 세상의 중심은 바로 여러분 스스로이다.**

　내 마음은 어디에 있을까? 마음 찾아 춘하추동, 계절 따라 시시각각 변하는 구름 타고 산 넘어 홀로 갔는가. 하루 일 다 하고 갔는가. 같이 가자 바라보나 기다려 주질 않고 강 건너 혼자 갔네. 십오야 둥근달, 밝은 밤 너마저 떠나는가? 가려거든 나도 함께 데려가지.

　누구나 하늘을 보면서 많은 생각을 할 것이다. 나 역시 넓은 하늘에 펼쳐놓은 구름이 자연스럽게 생성된 그 형상들을 보며 늘 감동을 받는다. 가끔 사진을 찍어 남겨도 본다. 이럴 때마다 내 마음은 늘 항아리도 되고 보자기도 된다. 나의 심보는 마음의 보자기가 되어 자연의 글을 쓰기를 좋아한다.

　황량한 들판에도 아름다운 꽃이 피어 있음이니 자연은 늘 내 마음속의 밭이요 씨앗이다. 자연 속에 내 마음의 뿌리를 내리는 시간이 되었나 보다. 살아온 내 삶이 끝나는 날, 내 생에 대한 보상은 내 작은 삶의 향기로 돌아오길 바라고 있기 때문인지도 모르겠다.

수많은 시인들이 써온 사랑의 시 역시 나도 쓰게 되었다. 사람이 살아가면서 사랑의 감정을 느끼지 않고 살아가는 사람은 이 세상에서 단 한명도 없으리라 생각한다. 그럼에도 사랑이란 단어를 자주 들먹이게 되면 괜시리 천한 사람 취급을 받게 되는지도 모르겠다. 더욱이 출가자인 사람으로서 사랑이란 단어는 끄집어 내기조차 버겁고 두려운 말인지 모르겠다.

 자연은 승속을 떠나 모든 것을 품어준다. 어머니의 따스한 품안 같은 자연의 가슴으로 안겨드는데 나이와 하는 일이 무슨 상관이 있겠는가. 그래서 늘 자연을 찬미하는 마음을 담은 글을 쓰고자 한다. 진심을 담은 마음을, 온전하게 담은 마음을, 말하고자 하는 마음을 쓰고자 한다. 여러분들이 이 세상 대자연 속의 주인공임을 말하고 싶다.

차례

04 시인의 글

1부

12 주인공
13 새해에는
14 이른 봄
16 봄 봄
18 그대 돌아간 뒤에
20 적어도, 오늘은
22 기약 없는 기다림
24 어찌 오늘만
26 마음자리 어디에
27 아느뇨
28 향서香書
29 민들레와 나
30 벚꽃축제
32 입밋
33 님소식
34 맹춘孟春과 철쭉
36 봄날에

2부

- 38 이팝나무 아래에서
- 39 유채밭에서
- 40 마실
- 42 하늘에 생긴 그림자
- 43 비여 비여
- 44 관중觀中
- 45 조화
- 46 소망
- 48 내일의 주인공
- 50 요즘 혼탁混濁, 어찌해야
- 53 어찌하오리까
- 54 삼복더위 오후
- 55 님의 향기
- 56 사계
- 58 제비꽃
- 59 문무대왕 추모예술제
- 60 유심소작

차례

3부

64 산다는 거
65 의기 논개
66 가을 연희
67 가을 여행
68 고향
69 가을
70 나비춤
72 가을소묘
73 추석날, 중년
74 가을밤 사유
76 가을 선물
77 작은 소망
78 인생人生
80 가을 나비
82 통증
84 가을 속에 묻힌 달
86 만추晩秋
87 꿈 많은 가을밤
88 이 가을 다 가기 전에
89 홍시

4부

- 92 겨울여행
- 93 찰나의 순간
- 94 나비가 저절로 되나
- 95 털어내기
- 96 애벌레
- 98 오늘만은
- 100 며칠만이라도
- 102 뭐가 그리 급하오
- 103 비오는 겨울밤
- 104 흰눈이 없는 겨울
- 106 나를 묶어주오
- 108 빈자貧者의 겨울
- 109 겨울이 가려하네
- 110 찾아오지 못하는 아침
- 112 빈자貧者의 겨울나기
- 113 그리움의 비는 내리고
- 114 회상

차례

5부
- 118 겨울아리랑
- 119 중생심衆生心
- 120 그대는 바람
- 122 대자연의 송년회
- 124 처연凄然
- 125 김묘선의 승무僧舞
- 126 삶의 소리여
- 128 신神
- 129 지전춤
- 134 바람이 없는게 다행이다
- 136 아리쓰리랑
- 138 사랑해, 널
- 140 매화꽃 천도薦度

- 144 시평

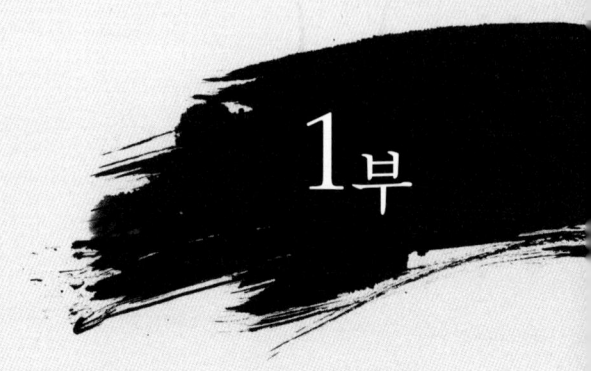

1부

먼 곳에서 소식 울렸나
가슴 설레네
님의 향기는 어느새
가까이 와 있네

주인공

하나를 가지고
열+을 만들고
열+을 가지면
불가능이 없는 우리입니다

우리가 빚은 항아리는
반듯하지만은 않습니다
그러나
쓰임에 알맞게
꾸준히 만들어 내어
제자리에 세울 수 있을 때까지
흙을 손에서 떼지 않으렵니다

그리고 담을 내용물은
당신께서 준비하십시오

새해에는

영글어 맺힌 그리움
맷돌에 간다고 갈릴까

올해에는 영글어 맺힐 그리움을
여러분과 함께 나누렵니다

갈릴 때 까지
여러분들과 같이 가렵니다

이 땅에 고운 향기가 있는 것은
아름다운 꽃이 있기 때문입니다

세상에서 아름답게 핀
꽃 중 하나가 되어
고운 향기로 남을 것입니다

이른 봄

봄을
먼저 말하려다
늘
그리움 앞서
그대 가슴에 눈꽃을 피웠나

말없이
찾아온 당신

이른 아침 머리맡에
편지 한 장 두고 갔네

저 건너 들리는 바람소리
낙엽 밑으로 흐르는
계곡물에 묻어있다

땅 밑으로 올라오는
차디찬 기운
혹독한 겨울 이겨낸 보상일까

지난 겨울, 과감히 벗어버린
부끄러운 흔적 오고간데 없고
살며시 물오른
젖가슴 가리려는 듯 두근거림

봄을 먼저 말하려다
늘 그리움에 앞서
봄을 그리는 웃음 가득한
님의 얼굴 엷은 화장
겨우내 겪은 고통 눈꽃으로 피우네

봄. 봄

바람이 붑니다
봄바람이 붑니다

여기에도
저기에도
목련향기 가득 머금고
봄바람이 붑니다

나뭇가지에서 피어난
하얀 연꽃
솜털을 벗어내고 살랑살랑

어릴적 숫처녀
가슴 설레이게 하던
봄바람을 담았습니다

파릇하게 물오른 나무가지 위
새끼 개미 한마리
초립모자 씌워야 할만한 햇살
가득 쏟아져 내려올 때

하얀 붓필꽃이
세월 묵은 오층석탑 앞에서
여섯손가락을
활짝
펼쳤습니다.
봄입니다.

그대 돌아간 뒤에

웃으며 보내준 뒤
그 빈자리를 바꿔 찾아드는
밤은 왜 이리도 까만지
고요속에 초침만 춤춘다

조금 열린 문틈새로
적막감 엄습하고
없던 외로움 고개를 드네

그토록 추웠던 겨울
저만치 돌아서서 가고 있건만
기왕지사 가려거든
쓸쓸함이나 걷어갈 것이지

그대는 뉘신지요
이내 마음 조각조각
하염없이 기워 봐도
빈자리 덩그러니 텅비워 있네

바람마저 잠든 삼경三更
눈물 감추고 웃으며 보내준 뒤
찾아온 외로움
쓸쓸함을

어찌 날씨 탓 하오리까
따사롭게 다가오는 봄기운도
반갑지 않네

적어도, 오늘은

햇살이 곱게
드나드는 겨울 뜨락

입춘을 며칠 앞둔
오늘,
어제보다 나은 포근함으로
어느샌가 성큼
우리 곁에서 머물고 있네요

한 철 동안 꽁꽁 언
대지를 열어
차분히 봄을
준비하고 있습니다

행여
엄동설한 한파 이겨내느라
무리수
미지수
아직 풀지못한 마음
남아있지 않은가요

오늘 같은 날
훌훌 털고
얼어붙은 마음을 녹여
자신을 먼저
용서해봄이 어떨런지요

기약 없는 기다림

춥다
잔잔하던 마른 나뭇가지가
흔들린다

심장 한구석에 구멍난 듯
언제부턴가 틈을 노리던
허무덩어리
이리엉키고 저리엉키고
난리도 아니다

그래서 그런지
오늘밤은 더 춥다

오갈데 없는 마음
빈둥지만 헤집고 다니고

매서운 추위 이겨낸 첫 봄 전령사
매화는 아랑곳 없이 웃음을 주겠지만
그 빈둥지엔 공허만 맴돌고 있다

시커멓게 타들어가고
옹이 맺어지듯 틀어박힌 채
모래 속에서 두 눈만 내놓고
몸뚱아리 없는 부처만 바라볼 뿐이다

그런 속도 모르는 남들은
허여멀건 얼굴만 읽을테지만

어찌 오늘만

가슴이 먹먹합니다
민족적 한과 분노를 어찌해야 합니까

씻을 수 없는 한, 끓어오르는 분노,
20만 위안부 분노 어찌해야 합니까

이 땅에 겪었던
우리의 땅이 겪었던
치욕과 수모 어찌해야 합니까

"내 손톱이 빠져나가고
내 코와 귀가 잘리고
내 손과 발이 다부러져도
그 고통을 잊을 수 있습니다.
하지만 조국을 잃은 그 슬픔만을
도저히 잊을 수 없습니다.
나라에 바칠 수 있는 목숨이
하나 밖에 없는 것이
이 소녀의 유일한 슬픔입니다." 라는
유관순열사의 말을 잊고 살았습니다

"일제에 목숨을 구걸 말라"는
독립운동가 안중근 어머니
조마리아 여사의 말도 잊고 살았습니다

일본 교토시 히가시야마구
도요쿠시 신사 앞에 있는 귀무덤에서
한없이 울었던 과거의 기억을 잊고 살았습니다

그동안 이러한 일들을 잊고
일본땅을 드나들었던 어리석음을 참회합니다

가슴이 먹먹합니다
오늘이 바로 그날입니다

마음자리 어디에

둥근 달 마른 가지 끝에 매달렸네
마음보에 백 가지 마음 담겨지노라니
동백꽃 땅 위에 빠알갛게 쌓여있네

밝은 달 보고서 원만한 마음 찾노라니
매실꽃만은 내 마음 그림자 거둬주는데
조금 먼저 나온 동백 환귀본토 하려하네

내 마음 색깔, 흰색일까? 붉은색일까?
마음보에 그려진 백 가지 색깔 찾노라니
십오야 둥근달 차면 일그러짐 알았다네

* 백가지 마음은 오위백법五位百法의 의미이며 일체의 모든 법은 다섯종류의 총 100개의 법마음으로 나눈것이다.

아느뇨

칠흑 같은 밤이
조금씩 부숴져간다
잘게 부숴져 가고 있다

문턱에서 기다리고 있는
따스한 봄기운 좋다한들
무엇하나 차분하게 즐길 기분이 아니다

재깍거리며 자정을 넘어서는
초침소리 오늘따라 왜 이리도 시끄러운지

여지없이 바람은 드나드는데
그리운 사람 발자취는 없구나

바람아 어차피 오시려거든
그리운 사람 향기라도 듬뿍 가져다주오

아시는가
오늘따라 따스한 물 한잔
편히 넘길 수 없는 그 이유를

향서香書
– 마음으로 쓴 글

연화옥수서밀상蓮花玉手書謐翔
 – 연꽃의 노란 꽃술처럼 고운 손,
  차분한 마음을 글을 써서 날려 보내니

투석묵언묵호랑投石默言嘿湖浪
 – 던진 돌은 말이 없고
  호수는 묵묵히 파문만 이는구나

일거불환만리향一去不還萬里香
 – 한번 나간 것은 돌아오질 않고
  향기는 만리를 퍼져가고

물추거심향일향勿追去心香一鄉
 – 수행자는 지나간 세월에 연연하지 않으나
  마음만은 본향으로 귀의하네

※ 향서香書 : '잘다듬어진 마음으로 쓰는 글' 이란 뜻으로 표현함.

민들레와 나

스스로를 낮추고
열심히 산 탓에
높게도 올랐구나

목 길게 뻗어
세상을 살피다가
가진 것 다 주고도
아무 말이 없네

그러나
나는 항상
가지려만 하는구나

벚꽃축제

그대여 어여쁜 마음속에다
꽃잔치를 가득 넣어주세요

온종일 내리는 비야 봄비야
나에게 시간을 열흘만 다오

지난 밤 꼬박 뜬 눈 일망정
하얗게 뽐냄을 그대는 알까

초롬히 날리듯 떨어지는 꽃
그것은 그리운 당신의 심장

봄향기 가슴 깊게 담아두세요
바람아 바람아 불지를 마라

며칠간 여기서 즐기려하니
팔 잃은 내 심장 밟히기 싫어

겨우내 슬프디 슬픈 일들을
춘삼월 기다려 참아왔다오

오늘도 뭇사람 찾아왔지만
아직도 오고픈 그대의 잔치

입맛

단잠을 자던 주머니 속의 봄바람 꺼내어
넌지시 그대에게 주려하오
말없이 찾아든 향긋한 내음은
자신을 낮춰 나지막이 피어난
봄나물에 머물고 있다

오늘은 유난히 청정한 바람 가득하다
이제 행복한 웃음을 차려놓을
점심상 준비중이다

아직도 겨울의 냉랭한 질투가 남은
지하수로 말끔히 씻은
달래 냉이 씀바귀
춘삼월의 보약을 가득 담으리다

님 소식

해는 솟아 올라
날이 밝고 햇살은 화사한데
봄꽃을 가득 피울 듯
웃음도 고와라

웃음이 고우니
향기로운 햇살도
늘
제자리에 다소곳이 내릴때
휴게소 저편 산등성 푸르름 만연하고
삶의 생기 가득한 이른 아침

바람은 있는 듯 없는 듯 하더라도
언제나
님의 향기만은 가까이에 와 있네

먼곳에서 소식올래나
가슴 설레네.
꽃비는 이미 지나갔어요
그리운 시간에

맹춘孟春과 철쭉

봄이 왔어요
발밑에서 흐르던 봄이
어느새 무릎까지 차올랐어요

보라
바람이여
출산의 고통을 견디어 낸
환희의 웃음을 아는가

오뉴월에 모습을 드러낼
꽃말, 사랑의 즐거움
이백칠십여일의 산고를 참아낸
나의 웃음이려니

향기 되어 피어나노니
봄바람도 불고
봄비도 오는데
봄 오는 소리
여기저기
시인들 머리속에서 만들어지고

어제 내린 봄비는
세상사 깨끗이 씻어내고
오늘 같은 봄비는
더욱 진하게
육신과 영혼의 곤함까지도
말끔히 씻어내어
청정한 향기를 주는구나

봄은 오는데
봄바람도 봄빛속을 뚫고 오는데
정작 내님은 왜 아니오시나요

나뭇가지 봄물이 들어
붉은 색을 띠고 있건만
푸른 싹 트이기전에
내님 모습 볼 수 있으려나

봄날에

오늘도
봄꽃들의 향연
세간의 모든 이 함께 즐겁니다

소리 없이 내리는 봄비에
꽃들은 춤을 추며
저마다의 끼를 발산하고 있습니다

촉촉이 젖은 대지는 무대가 되어주고
산허리 반을 드리운
하얀 산안개는 병풍이 되어줍니다

여러분은
봄잔치에 초대받은 관객입니다
관객이 된 오늘
아름다운 하모니를 이룬 축복의 공연을 봅니다

세상사 마음껏 즐길꺼리
아닌 게 없군요

2부

어디에 계시다가
이제 오셨나요
인연의 꽃
놓지 못한 세월속에
이제야 만납니다

이팝나무 아래에서

저 높이 지나가는 비행기 소리
주변 가득한 소나무 흔들어 깨우노니
송화가루 흩어져 내려오고
바람도 하늘도 멈추어섰다

연두색 이파리 오월을 노래함에
햇살은 초록물감 칠하느라 분주하다

문득
청명한 바람이 드나들 때
발 아래 개미떼들 삼삼오오 흩어져
쏟아지는 송화가루 분칠하고
바쁜 걸음을 재촉한다

오월의 찬가 부를때면
햇살보다 밝은
이팝나무 아래에서
바람도 쉬어가고 있다

유채밭에서

하얀나비 한 마리 날아들고
노오란 유채밭 속에서
나는 인욕을 배우노라

가녀린 꽃대, 세찬 바람
잘 견디어 낸
황금들판을 보라

스스로 나는 법 알지 못하면
날개짓 못하여 죽을 뿐이고
사람이 모이지 않는 자리엔
꽃향기 하나 없는 악취탓이리

자연을 벗 삼아 살아나가고
스스로 이겨내는 법 터득했슴이니
이렇게 부는 바람 안고 서있네

마실

멀지도 않은 가까운 곳에서
바람이 드나들면
지척에 꽃향기 가득하다

높게 피는 꽃
낮게 앉아 조는 꽃
저마다 향기로 찾아오건만
정작 와야 할 임은 없네

바람이 불면 뭐하나
저렇게 심하게 흔들리면 무슨 소용인가
정작 가슴에 품고 싶은 향기는 없는데
마음에 곱게 담은 향기 건네줄

임은 오지 않는데

멀지도 않은 가까운 곳에서 찾아온
늦은 봄 오후는
여름을 재촉하고 있다
초여름 같은 바람 부는 날이다

바람아 더 불어다오
오늘은 내가 날아보자
직접 찾아가보자

하늘에 생긴 그림자

하늘아 하늘아
아이가 바람에 한껏 발가벗고
동심은 씻은 듯 맑아요

민심은 천심을 희롱하고
낙숫물에 사랑은 떠나가네

바람아 바람아
너는 아는고
홀로 하늘과 땅을 거니는데
누가 나를 벗하는가

비여 비여

어제 오늘 종일토록
비가 내리누나
누가 하늘의 관음을 울렸는가

눈만 뜨면 들려오는
중생들 고통 신음소리 가득한데
오늘도 모녀 살인사건
왜 그 소릴 그냥 넋 놓고 들어야만 하는가요

물욕과 탐욕과 문란으로
아귀와 축생 모습 닮은
넋 나간 무지 중생들
허깨비 춤만 추고 있구나

죽은 뒤 찾아갈 팔대지옥
만사만생하게 됨을 어찌
두려워하지 않을까

언제까지 하늘의 관세음 울리려는가
우리 모두들 가슴속에 얼룩진
아픈 상처들을 씻어주었으면 좋으련만

관중觀中

보지도 말고
듣지도 말고
말하지도 말고
행동하지도 말라

중도를 지킨다는 것이
얼마나 어려운 일인가

시끄러운 세간의 일들로 때론,
장님이 되어야 하고
귀먹어리가 되어야 하고
벙어리가 되어야 하니
얼마나 힘든 일인가

그래서 때론
시시비비를 가리지 않는
중도의 마음을 가져야 하니
또 하나는
내 몫이다

조화

꽃이 피고 열매 맺는
나무나 채소는 높이 자라지는 않으나
배려가 있다

키 높은 나무는 숲을 만들어
저마다의 향기를 지닌 채
아름다운 사람들을 불러들인다네

크면 큰대로
작으면 작은대로 서로 순응하며
자연스럽게 녹아들면 되니까

우리들
지금이 바로 그때이다

소망

코로나 19를 경험하는 경자년 봄
세상의 통곡을 어쩔거나
바람은 부는데 꽃향기를 맡지 못할
촘촘한 마스크는 얼굴에서 떼어낼 수 없네
슬픔의 노래를 부르노니
세상의 의인들을 외면하지 마소서

하늘이여
푸릇해진 강산을 노쇠하지 않게 하여 주소서
바람이여
텁텁한 여름이 성급히 오지 않게 하소서
대한민국
우리 땅, 우리는 준비가 되어 가는데
아직 준비되어 있질 않은 이들을 위해
경자년이여
한 분기를 보내야 했던 고통을 잊지 않게 하여주소서

또 다른 저 편
저 건너의 슬픔을 어쩔거나
세상이여
질병으로 부터 고통 받기 시작한
저들을 외면하지 마소서

경자년 봄 지나기 전에
세상의 슬픔으로부터 벗어나게 하여
질병으로 부터 우리들의 경험이
그동안 잊었던 대자연의 소망의 꿈을 보고
또 다른 환희로서 희망을 보게 하소서

내일의 주인공

오늘밤도 무사히 넘어갑니다
세상의 온갖 희로애락을 뒤로 하고
이 밤도 지나갑니다

혹시 우울한 하루였나요
작은 행운이라도
왜 나에게만 따르지 않느냐고 비관하지 않았나요

잠깐!
그래도 이 밤은 지나가네요

그동안
삭막하게 메말랐던
당신의 삶이었다 하더라도
그건 지나간 과거예요

아무도 당신의 손을 잡아주지 않았던
어둡고 어려웠던 지난 세월
모두 잊어버리시고 지금은 그냥 웃어보자구요
큰소리로 마음껏 웃어보세요

이 밤이 지나고 나면
내일은
당신이 이 세상의
주인공이 될 수 있답니다

요즘 혼탁混濁, 어찌해야

벗님아
방독면 같이 촘촘한
마스크를 쓴 나를
탓하지 말게

*어름산이가
씨時줄과 날日줄 위에서
외줄타기 하 듯
오로지
눈 앞에 보이는
생명줄에만 집중하고
사는 건 아닌지

모두가
난시亂視이니
뿌옇게 보여도
원래 답답한대로 익숙해진
탓이 아닐까
시나브로 그렇게
무뎌진 탓이 아닐까

명탁命濁, 중생탁衆生濁,
번뇌탁煩惱濁, 견탁見濁,
겁탁劫濁의
다섯가지 더러운 것들로 가득찬
죄악罪惡의 세상

오탁악세五濁惡世에 물든
우리들
이미 그렇게
둔탁해진 탓이 아닐까

아 아 이것은
스모그
미세먼지
황사
초미세먼지
부유浮遊먼지라 한다지

남산南山에 올라
시계市界를 훤히 보았던

어릴적 풍광들을 보지 못하는
나의 고민을
친구님도 함께 동참하여 주려는가

* 어름산이
  - 남사당놀이 은어(어름사니의 비표준어)
  - 남사당패에서 외줄 타는 사람을 칭함

어찌하오리까

여울지던 햇살 서산에 걸치고
고운 저녁 만들며 하루를 삼킬 때
휘영청 밝은 달 하나 내어주고는
천연덕스럽게 너스레 떨고 있다

어제보다 더디게 찾아온 태양
찬서리 속 여명을 걷어주고
바람 불고 눈비가 내려도
만유는 냉정하니 이를 어찌할꼬

하늘이 정함에 천륜이 맺어지고
부모가 정함에 인륜이 생기는데
천륜 인륜 무시하니 나라의 슬픈 소식
후진국형 대형사고 언제까지 들리려나

이보시게들,
어찌하오리까

삼복더위 오후

강렬한 태양 아래 하얀구름
사천왕문, 저 높이 걸터앉아
계곡 타고 흐르는 골바람 막고 있고

산 아랫자락 바람은
백련사 풍경마저도 소리를 멈추고
삼복의 열기를 식히고 있다

말없이 서있는 저 푸른 소나무가 없었다면
풍경소리 애잔함은 고사하고
산사 찾은 여유 잊어버리고
영혼을 빼앗긴 채
덥다는 소리만 읊조리다가
돌아 올 그런 오후다

님의 향기

바람이 불때마다
고운 오색향기
깊게 스며들 즈음

내게 남겨주었던
그대 향기
잠시라도 함께한 시간
어찌 이리도 소중할까

조금 열어놓은 작은 창문으로
아침햇살 드나들며
전해오는 님 소식은
어찌 이리도 훈훈한지

간밤 꿈 좋았나요
마음속엔 아직도
그대 향기로 가득한데

그 향기에 취해
알록달록 그림을 그리며
잠시 눈을 감아봅니다

사계

언제나 그 자리
이제 주문한 커피가 나왔어요

참새와 방앗간 얘기도
십년동안 한번도 만나지 못한
사람과도
우연히 이 자리에서
귀한 시간을 함께 했습니다

고속도로 건너 먼 산 바라보며
고운 자태 드러낸 벌거벗은 산
청록의 옷 입고 하얀 구름을 쓴 먼 산
모두 이곳에서 만났습니다

어느새 백발이 되어
빛 잃은 흰 구름 등에 업고
저 위에서 힘없이 걸어 내려오는 먼 산도

언제나 이 자리에서
시인은 만납니다
이제 커피를 거의 마셔갑니다
인생을 창출하는 공연이 끝나겠지요

언양휴게소
엔저리너스 커피
사계四季를 노래하는 무대입니다

제비꽃

수줍은
저도
사랑해주세요

한 디딤마다
고운 벗
되렵니다

땅바닥에 모여 달린
잎을 가진

수줍어
홀로 피는
꽃일지라도

문무대왕 추모예술제

하염없이 솟아나는 땀방울
흥겨운 노래가락에 흩어져
감포 앞 푸른 바다를 이루고

무녀舞女 버선발 고운 춤사위
다섯돛 맞은 양북의 바람이 되어
백사장의 뜨거운 열기를 식힌다

숱한 상처와 역경 속에 빚어진
신라인의 미소이기에
지난날 국난들을 잊지마소서

후손을 편안케 하리라
호국통일 염원의 큰 뜻
천년이 지나도 대왕암에 머물다
거센 파도 타고 밀려온다

유심소작唯心所作

천리길을
가깝다 여기던
청춘도 있었답니다

그 혈기, 홀씨 되 듯
바람에 날려
온갖데로 갔건만

홀연히 되돌아와
찾으려 한들
손에 어찌 쥐겠나요

원효元曉면 어떻고
대안대사大安大師면 어떤가요
삼계허위三界虛僞라

신라 십현十賢
설총 낳은
요석의 산고는 알리요

소요산逍遙山 머물던 구름
온데간데 없고
소성小性만이 바람을 쫓고

주름이 늘어
흰머리 생겨나니
어찌 그리도 먼가요

법석은 끝났고
안타까운 한숨만 저 홀로
먼 산을 넘나듭니다

3부

내 마음 묻어 둔

그대 향기 속에서

가을을 보았다

산다는거

동해 밤바다
울음 담아 부수어질 듯
세찬 파도

오늘도 머릿속엔
어지럽게 곱씹으며
흔적 여울진 자리

그날 밤바다로 어느새
몸은 달음치고
마음은 흐느낌으로 가득하네

영원한 거 없는 세상사
지혜가 없으면 슬퍼지고
현명하면 맘껏 뜻 펼치리

의기 논개

임진왜란 때
의로운 기생
논개

쌍가락지 끼고
왜적장 게야무라 후미스케와
남강으로 몸을 던졌던
촉석루 주변은 밝았다

많은 사람들이 지나다니는
진주성 앞
남강다리 아래에
논개의 충정을 기리는
쌍가락지를 만들어
혼을 위로하고 있었다

가을 연희

초가을
비는 내렸고
막은 올랐다

조용히
부르는 소리에
귀는 맑아져
영혼속에 녹아내린다

귀뚜라미 울음소리 청량하건만
광대쇠놀음에
서라벌 하늘 붉은 노을은 사라진 채
너스레를 떨고

만물의 성숙함
오곡의 풍성함으로
하늘은 더욱 높아져만 가네

가을여행

온갖 구름 알록달록
가을하늘 눈에 넣어도 아프지 않고
바람은 약간 있으니 좋기만 하네

그 틈사이로 간간이
햇살은 보이긴 한데
마치 기다리던 소식 올 듯 말 듯

너도 나도, 남녀노소
대자연이 그림을 그리고
수채화 한 폭의 주인공이 되고 있다

가을 정취 속으로 빠져들 땐
집 나설 때 두고 온 짐 생각지 말아요

까딱하면

가을만이 지닌 향기
잃어버릴 수가 있으니까요

고향

가을바람 청량하니 허수아비 춤을 춘다
새들도 모여앉아 집에 가자 부산하네
말없는 저녁노을만 서방에서 분주하네

고향에 찾아가면 반길 이 누구련가
태어난 데 가려는가 자란 곳 가려는가
찾거라, 무변무처無邊無處 그리운 마음고향

가을

빼꼼
작은 창 열어두니
하얀구름 가득 담아
곱게 비춰주는
밝은 빗줄기 하나

가을 아침 햇살은
이렇게
풍요와 낭만 속에 성숙해버렸다

파란 하늘과 하얀 구름은
어떤
관계일까?

코스모스 꽃길따라
밤새는 소리 들리더만
분명
가을이란 성숙한 여인을 잉태해 버렸다

질투하듯 갈바람
청량함 몰고 와
밤잠 설치게 하였구나

나비춤

곱게 나빌레라

평상심平常心을
청정심淸淨心으로 승화시키기 위해선
망념과 집착을 버려야 하거늘
혼자만이 아닌 더불어 사는 세상
탑모塔帽 비로관毘盧冠에 고쳐쓰고
마음껏 즐겨라

튼튼한 날개를 펼치어
진리眞理를 찾아 어디든 날아올라
곱게 나빌레라
아름다운 삶을 승화시켜야 할 때다
천지를 마음껏 훨훨
나비여 곱게 나빌레라

외씨버선에 베인 삶,
어찌 호락할까마는 그건 우리네 몫이야
정靜에 들 듯하여 흔들리지 않고
무심無心의 경지에 올라
본연의 마음, 본래심本來心을 찾으라.

일심一心이 곧,
깨달음의 길에 도달하는 것이니
나비여 곱게 나빌레라

가을소묘

하루 시작 알리미
가을시詩로 수를 놓았네

깊은 밤 어느새, 어쩔까
헌데, 상큼한 바람 곁에 있는데
오늘 하루 무엇이 부족할까

때론 지친 어제의 속내
어찌 또 들추리까
어둠이 익어가는 가을 마시면서
내일을 편안케 하리라

추석날, 중년

가을이 익어갑니다
우리는
늙어가는 것이 아니라
가을과 함께 익어가는 겁니다
우리의 사랑이 익어가는 겁니다

빛바랜 사진
낡은 일기장

이런 밤에
무심코 지나쳐버린
세월을 꺼내들고
깊어가는,
익어가는
가을을 노래합니다

가을밤 사유

까만 밤, 사박사박
낙엽 밟히는 소리 만들고

분주했던 하루의 웃음,
주변에서 맴돌 즈음
어둠은 어느새
내 곁을 차지해 버렸다

별빛을 볼 수 없는
밤하늘이 아쉽다

하나둘 켜지는 주마등과
차량 헤드라이트 불빛들은
까만 밤, 더욱 강렬하게 밝히려 하지만

지금 이 시간
하루를 웃음으로 정리하던
마음
혼란하게 할 뿐이다

그대여 왜 안오시나
오늘밤에 더욱 그렇다
별빛을 볼 수 없는
밤하늘을 보고 있기 때문이다

떨어지는 낙엽에 문득
정신 차려 하늘을 다시 보지만
까만 하늘은 아직도
별들이 들어오는 길을 열어주지 못했다

별들이 쏟아내는
숱한 이야기
들을 수 없는 이 밤
외롭다

가을 선물

푸르름에 겨워
격조된 울음속에 모두 퇴색되어 버린
가을이여
홍조된 그대 웃음마저 가져가려무나

소스라친 날개탓에
앙상하게 말라버린 겉옷마저
벗겨 버려진다면 그동안 한껏 멋을 뽐내던
그대를 바라보던 뭇사람들의 마음을 어쩌란 말이냐

철부지한 참새들아
안돼 안된다
얼마남지 않은 채 매달려 있는 그곳
출입금지구역이다

바람아 불지마라

밤새 내린 차가운 서리탓에
가쁜 숨 토해내며 힘겹게 버티고 있는
몇 장 남지 않은 나의 몫은
아직도 찾아오지 못한 이들에게 주어야 할
올 가을의 선물이란다

작은 소망

채 다듬어지지 않은
돌맹이일지라도 나는
아주 작은 마음을 가진 꽃
그리운 새 한 마리
그게 뭐 대수겠나요

남풍이 불어올때면 그냥
소박하게
그대 곁을 찾아들겠소

내 작은 소망은
그대 향한 그리움
이 가을밤에

인생人生

세상은 온통
가을색이 완연하다

형형색색 변해가는 가을풍경들이
각자의 이야기보따리를
풀어놓고 있다

제법 쌀쌀한 아침
초하루의 기쁨은 가득하나
제 몫 다하지 못하고
먼저
그 빛을 잃어버린
낙엽들이 을씨년스럽다

초하루의 기쁨은 가득하나
제 몫 다하지 못하고
먼저
그 빛을 잃어버린
낙엽들이 을씨년스럽다

제 할 일 다하지 못하고
스러져가는 인생이 되지 않았으면
좋겠다

가을 나비

짙은 안개 속으로
헤집고 나오려는 강렬한 햇살,
몇 날 밤 뜬 눈으로 지새운
휑한 나의 시선을 짓누른다

검은 숯덩이처럼 되어버린
나의 심장은 산산조각 부숴져
허공을 맴돌고 있다
상처가 채아물기도 전에
또 다른 나를 잉태하겠지만
그래도 버겁다

나는 나비
꽃은 어디로 갔나
벌은 누구인고

꽃밭을 몇 번 돌아
힘없는 날개
가을꽃은 웃지 않네

분명
어젯밤 달려있던 단풍잎
온데간데 없고
너 마저 나를 외면해버린
오늘을 어찌해야 할까

겨울이 두렵다

통증

바람은 왜 이렇게 부는가
문득 뒤돌아보니
제 할 일 다하고 쓰러져 있는
갈잎은 못 본 척 하고

바람 같은 외로움
기다림 긴 시간 가슴에 안고 있어도
무심한 하루 눈물만 품고 있다

가을밤 깊숙이 스며들어
별빛마저 잘게 부수어 갈 때
하늘 한자락 펄럭이는 날개짓

속상해 하지도 말고
마음 아파하지도 말라
그냥 잠시 쉬었다 가는거야

호수 같은 그리움
강물 같은 기다림
그리움과 기다림의 뒤안길
그냥 그대로인 듯 한데

스스로 돌아보고 또 돌아보아도
거울 같은 호수엔 쓸쓸한 미소만 있네

묘한 일이다
저 바람은 왜 나를 흔드는가

가을 속에 묻힌 달

밤새 차갑게
무엇을 탓하랴

그렇게도 짧은 치마를
여인 속살에 묻어놓고
긴 밤을 지새웠을 것을
저 앞 동녘에 떠오른 햇살
가을밤 야속하기만 하였다

그대가 떠난
버스 안에 어둠 가득
시린 내 마음을 아는가요

밤새 뒤척였던
이 내 마음을 아시나요
늦은 밤 내려주는
그 비는 내 맘 아는가요

밤사이 내린 비가 어찌
그 뜨거운 밤을 식게하리요

이제 떠오를 따사로운 햇살은
이렇게
심장에 가득차 있는데

만추晚秋

나의 달아가는 만행화 구두창처럼
가을은 깊게 들어앉았다

반가운 불자 소식과 함께
풍요롭게 웃어주는
원적산 산마루에 시선이 멈췄다

한 뜸 한 뜸 수놓은
갸녀린 저 구름이 말없이 손짓한다
또 다시 멀리 두고온 흰구름 생각하며

가을은 가을은
고추잠자리의 몸에서만
빠알갛게 물들어가는 것은 아니다
이 마음도 같이 물들어 가고 있었다

누군가 말했다
스님은 가을을 타는가봐요
덩달아 빠알간 얼굴이 되어버렸다

꿈 많은 가을밤

오늘은 어제보다
가볍게 유혹하는 바람결
이른아침 곁에 두고는
밤새 내린
가을비는 돌아갔다
산사山寺의 낙수落水 어디에서 들을까

그
래
도
마음만은
별을 헤아리는 마음이노니
너를 제도하면
내 전생업도 소멸되리
별 하나 나 하나
비내리는 가을밤
이타행은 결국 나를 위함임을
꿈속에서도 놓지 못하네

이 가을 다 가기전에

멀지않은 산머루에 걸터앉아
언제나 화사한 웃음 가득 머금던
작은 하얀구름 한 조각

누굴 기다리나 떠나지 못하고
초롬하니 머물고 있더니만
오늘은 왜 보이질 않나

가을비 잠시 내렸으나
겨울, 저 멀리 있는 것 같은데
조석으로 찾아온 싸늘함
땅위로 떨어진 낙엽 뒤로
따스한 여운 아직 남아있네

이 가을 다가기전에
찾고자 하는 염원 무엇일까
주머니속 낙서장 꺼내어
연필에 침을 묻혀본다

남모르게 담아둔 속마음
꼭꼭 눌러 적어보련다

홍시

가을, 가을 덕분에
햇살은, 햇살은
서산마루에 걸터앉아
석류알 속살처럼 더욱 붉어져만 간다

누가 나와 함께
이 계절을 노래하려나
불현듯 커져버린 애타는 마음
속알머리하곤
누굴 기다리나
바람에 억새풀만 하늘거리네

가을이다
풍만해진 가을이다
알게 모르게 붉어진 홍시 어느새,
속살 드러내어도 웃음만 주는 여인

마음은 가자고 하는데
몸은 갈수가 없네
고운 숨을 고르고 있을
가을 숲속 그리워진다.

더 늦기전에

4부

속상해 하지도 말고
마음 아파하지도 말자
그냥 잠시 쉬었다 가는거야

겨울여행

바스락
발걸음 재촉하듯
부딪는 새벽바람
겨울을 만들고

어쩌면 아직은
마음 한구석에 남아
머물고 있는지도 모를
바람꽃 그리운 흔적

기나긴 추억이
꼬리를 물지도 모를
머나먼 길을 나선다

찰나의 순간

또 다른 나
열정의 모습으로
붉게 투영되어
한 폭의 수채화 물감을
허공 속에 던져버렸다

이 찰나의 순간
깨닫게 될 때면
숨 가쁘게 호흡하던 숨을 멈추고
머지않아 열정의 혼을 사르고

저 허공 속으로 사라지게 되리니

나비가 저절로 되나

잠시 비가 내렸다
늘 다스림이 필요한
사간 속에서 살고 있다

무엇을 얻었고
무엇을 버렸는가

털어내기 바쁜 하루
시샘하는 마음은
지금도 곁에서 맴돌고 있다

어디에 계시다가 이제 오셨나요
인연의 꽃
놓지 못한 세월만 안고
이제야 만납니다

털어내기

세상사
늘
틀에 짜여진대로
움직이는 것 알까나 몰라

만들고
다듬어 가는 듯 하지만
인생사

얼기설기 엮어진
틀 밖의
부스러기들을 털어버릴 뿐

애벌레

추적추적 내리는 비
겨울을 재촉하는
유난히 을씨년스러운 밤

속 타는 심정이야
누군들 없으랴

금강석 같이 단단하고
쉽게 흔들이지 않는 올곧은 마음덩어리
낸들 없겠나

허나
왜 그걸 몰라주나
세상 참 어둡다

속 답답한 울화통 터질
노래소리만 들려오고
이유 없는 원성은 커지고 있네

그래도 환한 꽃다발 들고
찾아올지 모를 벗을 위해 힘내자
웃자 그냥 웃자구
세상사 모다 그런 것이니
부딪치며 경험하고 볼 일이다

세상살이 다 그렇고 그런거야
실패 좀 하면 어때
다시 일어서는거야

오늘만은

입춘과 함께 묻어온
겨울추위
며칠째 머물고 있다

윗녘에는
제법 멋들어진 눈보라
그림으로 하얀 세상 만들고
아랫녘엔
우산 펼 만큼
가벼운 빗줄기 뿌리고 있다

한줄기 떨어지는 빗속에
그대 눈물 녹아내리고
한 잎 떨어지는 백설에
그대 한숨 털어버리세요

윗녘이면 어떻고
아랫녘이면 어떤가요
절기 중 첫 번째 맞이한 입춘
벌써 저만치 가버렸는걸요

땅에선 따스한 봄기운 솟고
하늘에선 묘한 별빛 수놓으니
뜨는 해 누가 막을 것이고
지는 해 누가 잡을 수 있나요

그대들이나
내가 가지고 있는 마음엔
백가지 잎사귀에
저마다의 꽃이 필 것을요

버릴 것은
그냥 놓아두시고
오늘만은 멋스럽게 웃어봄이 어떤가요
적어도 오늘만은

며칠만이라도

추운 겨울
아름다운 꽃 피어나길
기대감은 회한 속에 반추되고

어쩌면 오늘 밤 지나고 나면
윗녘, 아랫녘 온통
하얀 눈 소식 가득할지도 모를
그런 계절에 성탄절이 지나간다

예수께서 이 땅에 오신날도 지나가니
올해도 얼마남지 않았구나

이맘때면 여지없이 밀려오는
아쉬움 애꿎게 쉽사리 지나가는
짧은 하루만 탓하고 있다

도대체 올해엔 무얼한건지
안타까움 가득 쏟아져오고
회한이 밀려온다

추우면 추운대로
따스하면 따스한 날씨대로 언제나
포근하고 풍요로운 마음을 갖자

지금이라도 무의미하게 넋 놓고
떠나보내려는 마음을 드잡아
올해 며칠간만이라도 이 겨울
추운 계절에 아름다운 꽃 피우고 싶다

뭐가 그리 급하오

꿈이 고운 밤 그리워
그대에게 곱상히
자리를 내어주었건만

어찌하여 그리도
급히 가시려는가

향기로운 바람은
어디로 갔는지

삼동엔 애꿎은 시린 겨울 햇살만
허공에 걸터앉아
힘든 노래 부르고 있다

바램이 있다면
잠시 쉬었다 가시게
오늘만이라도 잠시

비오는 겨울밤

적막한 하늘이 열리고
차가운 냉기가 휘몰아치듯
정수리에 내리꽂힐 때
말없는 빗소리만 들릴 뿐

소리 없는 외침은 계속
허공만 드나들고
돌아오지 않는 애절함만
무겁게 옥죄어 오고 있다

마디마디 부숴진 빗방울은
냉랭한 대지 위를 구르고
미칠듯이 뒤틀린 몸짓은
빗속으로 빨려 들어가 버렸고

삼경은 지났는데
그대는 어디갔는가
아무리 외쳐대도
소리 없는 메아리만 애닳고나

흰눈이 없는 겨울

유난히 겨울을 닮고 싶어 하던 여자
어느 날 휑하니 눈앞에서 보이질 않는다

코발트색 하늘이 눈부실 때
초록물이 든 강렬한 햇살에
하염없이 녹아내리던 가을 어느 날, 그렇게
겨울을 닮고 싶어 하던
그녀가 눈에 보이지 않았다

그 이후 겨울은 찾아올 때 마다
더 이상, 흰 눈 선물을
가지고 오는 것을 잃어버렸다

싫어하는 겨울 증명하듯
하얀눈을 겨울 선물로 가져오지 못했다

말없이 떠난 그녀는
여기 눈앞에 펼쳐진
앞바다의 물고기가 되었을까

바람 한 점 없는 날에도
거센 바람 몰아치는 날에도
무엇이 문제가 될까보냐

겨울바다는 햇살을 조롱하듯
겨울하늘을 닮아 말없이 누워있다

나를 묶어주오

언양휴게소 길들여진 맛,
엔저리너스 아메리카노
제 시간 맞추어 한 잔 사려합니다

이른 아침 짙은 안개를 쳐내며
방금 차를 세웠습니다

길들여진 이 맛도
언제 끊어야 할지
번뇌덩어리, 오늘 아침
자욱히 낀 안개와 같습니다

나를 묶어주오
겨울이 머무는 뜨락
심한 바람이 불어도
흔들리지 않는 지혜를 주소서

실컷 돌아다니다가 아무런 일 없던 것처럼
제자리로 돌아와 기웃거리는
번뇌덩어리를 묶어주소서

바람이 없는 뜨락에
흔들리는 나뭇가지가 되었습니다
나를 묶어주오

빈자貧者의 겨울

추운 겨울 기나긴 밤
곳간에 마른 장작나무 하나 없으니
겨울 뜨락에서 어찌할까나

부뜨막에 불 지피지 못해
낮은 굴뚝 하얀 연기
한 점 피어오르게 할 수 없네

산골짜기 깊은 골, 차가운 냉기
바람은 먼 산을 넘나들지만
마음은 잿빛하늘만 바라보고 있네

이렇게, 이렇게 황당한 바람
뼈 속까지 휑하니 드나들어도
하늘은 말이 없구나

겨울이 가려하네

2월, 겨울 끝자락에 서서
바람이 드나들고
눈비 소식에도 아직은 춥기만 하다

오늘도 힘겨운 손짓으로
봄을 재촉하는 뒤뜰에 핀 홍매화

맑은 하늘에 하얀 눈송이
하나 둘 떨어지는 그 틈새로
부끄러운 듯 살짝 내민
발그레한 얼굴 오히려 애처롭다

겨울바람 끝나가는 길목에
기왕지사 봄을 맞이하려거든
분주한 걸음이라도
환한 웃음 함께 나눠보지 않으려오

찾아오지 못하는 아침

작고 비좁은 문틈 사이로
찾아드는 찬바람 오늘도
어김없이 비집고 들어오고

조금 열어놓은 그 틈을 타고
종일토록 내 주변에서 맴돌던
세간의 소리를 들으려 한다

하늘 보기가 부끄러워 오늘을
잊어버려야 한다
내 마음자리 하나
정화시키지 못한 냉기는
정수리를 한껏 부딪친 후
이 방안에서 소용돌이 치고 있다

하늘 보기가 부끄러워 오늘을
희생시켜야 한다

아아 그러나
가슴 속 깊은 곳에서 잘려나간
몸뚱이 한 조각 찾으려고
새벽을 열었으나
꽁꽁 숨겨진 아침은 아직도
그 좁은 틈 사이로 찾아오지 않았다

그냥 그렇게
새벽에 정지되어 있는 것이다
도대체 배는 어디로 가고 있는지

작고 어두운 공간 속으로 스며든
찬 공기는 냉정한 모습으로
새벽과 대치하고 아침을 막고 있다

대체 아침을 운전하는 선장은 어디로 갔는가

빈자貧者의 겨울나기

바람이 부는대로 쓸쓸히 홀로
떠다니는 조각배 하나
넓은 호숫가 망망한 파도만 이네

주인 없는 조각배
주인 없는 호수
오늘, 바람은 어찌 불려나

밤이 되면 꿈이 많고
낮이 되면 생각이 많은데
뾰족한 일 하나 없다

혹한의 강추위 겪어내고 아련히
봄기운 저 깊은 땅 속 비집고 나와
하루 다르게 흙내음 실어나르겠지

생각은 하자고 하는데
몸은 쉬자고 하네
더 늦기전에 팔이라도 걷어부쳐볼까

그리움의 비는 내리고

나의 가슴 적시고
꿈꾸게 하는 그대,
그대는 과연 누군가

경주 하늘에도
겨울을 적실 비가 내린다

내 곁에 오래 머물진 않지만
잠시라도 함께 한 자리
그리움으로 가득 적셔주는 그대

보고픔 재촉하는 비가
서라벌에 내리고 있다

몇 시간 흘러도
저만큼 달아난 마음
돌아 올 기미 없고

스잔하게 부는 바람만
잔잔히
빗소리를 재운다

회상

오늘은 서라벌에
하얀 눈방울 뿌려
가슴을 깊이 후벼파더군요

첫눈 내리면 만나자고 했던 약속
숱한 세월을 보내고
이순을 맞이했습니다

웃음 줄고, 몸에 윤기 사라지고
언제나 청춘으로 남으리란 착각 속에
자신감 넘치던 용기도 줄었습니다

한해동안 과연 무엇을 했을까
반성의 시간
번민과 후회와 한숨부터 풀어냅니다

세모 앞둔 년말, 들뜨기 보단
때론 그 열기 식힐 필요가 있는
내게는 정말 중요한 눈이기도 합니다

그러나 가슴에 깊은
상처를 주지 않는 힘을 지닌
겨울의 아름다운 꽃,
그런 눈雪이었으면 좋겠습니다

5부

행여
언제 지날지 모를
그대 밤길에
시 한 수 뿌려 놓으렵니다

겨울아리랑

눈 속의 매화 홀로 피어
봄빛을 보니
조용하게 사는 재미 또한,
솔솔하다

달 밝은 사창紗窓에서
명상冥想에 노니나니
겨울의 느린 걸음소리
듣고 있다

세찬 바람 밤새
온몸으로 받아낸 설화雪花
겨울 흔적이 가득하나
마냥 웃고 있다

어제보다 이르게 뜬 햇살 등쌀에
어둠은 간 곳 없고
꽃 사이 취한 객승 한가로이
높은 정자에 누웠구나

중생심衆生心

맑고 아름답던 가을
보낸지 언제인가

보내기 싫은 아쉬움 가득한데
시간은 자꾸 흐르고
대설大雪 앞둔 초겨울 밤

슬픔을 달래주려는지
잠깐이나마 하얀 세상
눈앞에 곱게 펼쳐주는구나

물위에 비친 달
거울 속에 비친 꽃
볼 수 있어도 가질 수 없음을
어쩌란 말이냐

돌아오는 길, 적막한 하늘엔
덩그러니 비친 달
말없이 자리를 지키고 있다
내일은 어찌해야 할까

그대는 바람

바람이 붑니다
그리움의 바람이 붑니다

눈이 올 것만 같은 날
봄이 오려나
봄을 재촉하는 비가 올려나
이렇게 듣기만 해도
기분 좋은 생각 통해서
보고픈 님, 함께 올 것 같습니다

그리움은 언제나
입가에 웃음 머금게 하고는 이렇게,
가벼운 바람 타고
살며시 다가옵니다

적어도 내게는 그렇습니다
뿌연 하늘, 잿빛 하늘이면 어떤가요
눈이 올려나
그리운 내님 함께 찾아올
봄비가 올려나
이렇듯 마음자리 하나 바꿔버리니
맑은 하늘처럼 느껴지는 것을요

당신은 언제나 나에게
사랑을 건네주는 마술사입니다

오늘도 바람이 붑니다
그리움 가득 실은 바람이 붑니다

대자연의 송년회

대설大雪 오후 성급한 마음,
구름 한껏 불러 모으고
억지로 껴맞춤하 듯 겨울을 부른다

한쪽은 푸른 하늘엔 흰구름
다른 한쪽은 잿빛구름 가득
그 사이로 하늘은 조금만 보이고

엊그제 그토록 세차게 불던 바람
온데 간데 없으니 추워질리 없다

어떤 사람은 두툼한 옷 입고도
추워하는 모습 역력하고
저기 지나가는 여인, 가벼운 옷차림
기세등등한 발걸음이다

이렇게 겨울을 맞이하는 중에
그토록 푸르름 만삭한 체
풍성함을 뽐내던 나이 든 나무
몸 푼지 제법 된 듯 앙상한 팔목을 보이고

묵묵히 자리를 지키던 노송은
어린 소나무에게 장수법을 가르친다

몇 장 남지 않은 나뭇잎 떨어질때면
성탄캐롤이 울려 퍼지고
들뜬 송년회로 분주할텐데도
대자연은 이렇게 차분히
겨울을 받아들이고 있다

처연 凄然

자유로운 영혼
손에 닿을 듯한 이 밤
어느새 더욱 껍질이 두껍게 덮인
초겨울 밤 속으로
깊게 영글어 가고 있다

날이 밝으면 인연된 망인忘人이
중음신中陰身으로 부터 벗어지는 날,
새벽에 청주길로 올라야 한다

구태여 두껍게 쌓인 밤을
벗겨 내려하지 않아도
내일 아침해는 뜰텐데

그래서 그런지
오늘 밤, 더 춥다

김묘선의 승무僧舞

고깔에 감춰진 모습
늘 고와라
행보마다 연꽃이 피네

수원水原에 펼쳐진 장삼자락
하늘에 구름이 되고
떨리는 마음은 섶에 머문다.

하얀장삼 어우러진 제자들
학들이 군무를 이루듯
발걸음도 가볍구나

두드리며 퍼져나간
가락 울림, 스승의 벅찬 표현

심장의 박동소리
디딤마다 어절시고
연향蓮香이 장삼 위에 퍼져오네

* 김묘선金昴先은 국가무형문화재 제27호 승무 전수조교(전승교수)이다.

삶의 소리여

늘 시간에 쫓겨
천근만근 몸은 무겁기만 하네
피곤한 엉덩이 뒤로 빼고
달리는 승용차 모습에 현실이 보인다

한줄 뛰고 저기 저곳,
사십 초중반 대 부부
잘 다녀오라는 말 한마디
하루의 용기로 시작해보려 해

저 멀리 굉음소리와 함께
고무 타는 비릿한 질주의 역경 속에
그들의 삶이 녹아 있음에

그래도 잠시라도 찾아주는
시원한 새벽바람이 정겹다

오늘따라 문득
정신 차려 귀를 열어보니
저멀리

고속 질주하는 자동차의 허둥대는 소리
언제고 시간에 쫓겨 사는 그들이 있다

나는
끝자락에 앉아
돌아올 그 무엇을
찾고 있을까

천년이 지나도 변하지 않을
청순함을
눈으로
손으로
마음으로 그리게 하소서
우리네 삶을

신神

오늘도 선線 하나를 그어
21세기에 올라타
행복 추구한 삶의 원초적 본능으로
하나씩 깨달음의 향기를 쌓고 있습니다

헌데

돈이
신神이 된
21세기
어찌하오리까?

지전춤 紙錢舞

山너머
가신다더니 어찌
바다로 가시나이까
山너머 가신다더니
어찌 하늘로 가시나이까

이제 살만한 世上
왔는가 생각했는데
왜 이리도 급하게 가셨나요

넋이라도 오셨거든
넋반에 모셔놓고
아아
가슴이 찢어지고
눈물이 마르지 않습니다

곱던 얼굴
어느 날 보니
주름이 졌네
검은 머리

어느 날 보니 흐여졌네

숨이 나오지 않습니다
호흡이 나오지 않습니다
아아
목이 메어
마음이 찢어집니다

넋이야 빠졌다만,
마음도 사라지랴
혼령이 혼줄 타고 가신다고
말도 없이 가시나요

가시나요
가시나요
어데로 가시나요
차안此岸떠나 피안彼岸으로 갈텐가요

어차피 가시려거든
제석천왕 인정받아 지전춤 올리오니

노잣돈이나 마련하여
반야용선 모아타고
장엄된 서방정토로 나아가소서

법열이 오가고
법석을 즐겨 고요히 귀를 열고
하늘의 수를 놓아
어느 별에 머무를까
지극정성 올리오니
보배다리를 건너가소

짧은 명命 살다가도
오래오래 살다가도
땅에서 나서 하늘로 돌아가니
한줌의 흙으로 돌아감도 서럽지 않아
깨어나라 외쳐도
죽은 것이 아니라 하네

먹글로 수繡를 놓은 명부전冥府錢 갖고 가소
액厄과 살煞을 풀고

명복冥福을 비옵니다
춤이라도 살포시 추오리다

오방신장께 돈을 바쳐
우리네 조상님네
저승 가는 영혼靈魂길 면해주고
천당天堂길 열어주오

연꽃이 시들어도 극락조는 더욱 화사해지고
통곡 대신 웃음으로 변해갈 때
하늘 다리 내려오니 상금교上金橋에 오르소서

영혼이 가는 길에
유전有錢 무전無錢이 어디있소
유전이면 가사귀可事歸라 하였으나
개의치 마시구려
법승法僧의 염불공덕
재가齋家의 정성공덕
무외시無畏施 재시財施의 공덕功德을 베푸오니
추는 사람 이타利他의 길상吉祥이요

받는 사람 자리自利의 길상吉祥이라

가시는 길 꽃을 뿌려 꾸미오니
사뿐사뿐 즈려밟고 편안하게 가옵소서
나무아미타불

| 노래 가사 詩

바람이 없는 게 다행이다

1절
하염없이 내리는 눈물
산하를 적시고
이렇게도 내 맘 깊숙이도 베어드는구나

무엇이 아쉽고
무엇이 그렇게 서러운 건가
녹아내리듯 떨어지는 빗물
그대 마음이리

낙숫물 소리 이렇게
동그란 파문일 듯 요동쳐도
새끼손가락 내민 바램은
그곳에 있구나

2절
내가만약 이생을 떠나
돌아올 수 없다면
처연하게 울고 있을 그대 가슴 저려 와요

어느새 내 마음
전부를 주어도 아깝지 않을
이 세상에서 하나뿐인 사람
나의 마음이리

울지 말아요 이렇게
쓰라린 가슴 쓸어내려도
아린 가슴 나의 사랑은
그곳에 가있구나

| 노래 가사 詩

아리쓰리랑

바람 같이 왔다가
바람 따라 가버리는
초로 같은 인생살이
한 가닥 숨을 실어 오늘도
두리둥실 가는 거지

아리랑 쓰리랑
넘고 넘어도 또
아리쓰리랑

흐른다고 다 물이더냐
간다고 다 구름이더냐
뉘라서 아니 갈까
붙잡아도 놓아도
다 그저 그렇고 그런 거지

아리랑 쓰리랑
넘고 넘어도 또
아리쓰리랑

뜨는 해 어느 누가 막을 손가
지는 해 어느 누가 잡을 손가
하늘 같이 공한 마음
뉘라서 잡을 손가
이런 저런 생각일랑 훠얼 훨 던져보세
아리아리 아리쓰리랑

| 노래 가사 詩

사랑해, 널

1절
약해지지마
알아요, 무엇이 그렇게 힘들게 하는지
너와 나의 사랑은
늘 목말라 했었어
내맘
이렇게도 불타오르잖아
너의 사랑을 알고 있어 흠~
함께 해서 행복해
너도 약해지지마

이젠 내 차례야
나도 널 위해 무언가 해야 돼
너의 사랑 때문에
그토록 아팠던 나야
고마워 이젠
널 위해 기도해 줄께
어떻게 할까

2절
사랑하잖아
알아요, 무엇이 이렇게 잡고 있는지
너와 나의 사랑은
늘 애타게만 했었어
네 맘
이렇게 전해오잖아
하늘엔 꽃비가 내리고 있지 흠~
함께 해서 행복해
우린 사랑하잖아

이젠 내 차례야
나도 널 위해 무언가 해야 돼
너의 사랑 때문에
그토록 아팠던 나야
고마워 이젠
널 위해 기도해 줄께
어떻게 해주면 되겠어

매화꽃 천도薦度

온 누리 하얀 세상
참으로 느낌 좋은, 별천지 같아
이 풍진세상 별거 아니라고
가던 길 멈추고 빼앗겼던 시선
나는 다섯 잎을 가진 홑겹, 네가 좋아!

그래도
습관처럼 다가온
봄날의 외로움, 허전함은 뭘까?

화려했던 잔치는 어느새 끝나버렸고
시샘하듯 간헐적 쏟아지던 봄비에
화사하던 너의 날갯짓에 배인 향기만
아직은 차가운 땅바닥에 묻혀 스러져간 너

너와 나
슬퍼하지는 말자

새하얗고 분홍빛 뽀얀 살결의 너
언제부턴가 원색의 옷을 입은

천막부대 노점상들이 뿜어내는
퀴퀴한 튀김 냄새에 능욕당하고 만
너의 겉옷 몇 잎을 곱게 담아 이른 새벽
동해바다에 뿌려 천도를 하였다.

바람이 머무는 동안
찰나의 시간일지라도
그대는 늘
자유로운 영혼의 꽃
내생엔 더 아름다운 꽃으로 오소서

동해 이기로에 위치한 두타산
산신대재를 지내고 돌아온 길 까만 밤
너는 이미 연초록 옷으로 갈아입었지만

수도산 벚꽃터널 밝은 조명 받아
약간 부는 바람 하늘에서 내려오는 반주에 맞춰
해탈의 춤을 추는 너를 보노라니
찰나
슬펐던 마음이라도 풀어지는 밤이다.

시평

내면內面 속 주인공에게 선사하는 향서香書

– 자연예찬禮讚이 빚은 시적 파노라마들

복 재 희
시인 수필가 문학평론가

1. 프롤로그 – 비움과 채움의 미학

비었기 때문에 채움이 기다리고, 비움에서 미래는 숨 쉬게 된다. 이는 인간은 한계를 알고 난 후에 허무라는 의복에 대한 진리를 깨닫게 되어있다. 공자孔子의 천상天上의 탄식조차도 본질에 눈을 돌리면 필연적으로 만나게 되는 이름이기 때문이다. 불가佛家에서는 색즉시공色卽是空의 지혜 – 반야般若 – 진리의 이름 앞에서는 비움과 채움이나 없음이나 있음 등 현대물리학의 문제가 쉽게 풀려진다. 물론 시詩는 지혜를 설명하는 것이 아니라 지혜를 감득感得하게 함으로써 감동과 순수 그 자체라야 하겠지만 비어 있음이나 채워있음은 다만 그대로의 현상일 뿐이다.

교실은 비어 있기 때문에 채움이 있고, 수레는 비었음

의 바퀴 때문에 무게를 감당 할 수 있다고 노자老子는 말한다. 내 것이 없음에서 내 것을 주장하는 것은 허무한 일이고 이기利己의 처연凄然함이라면 줄 수 있을 때, 주는 것은 행복의 정점이 될 수 있음을 시인은 이미 체득하고 있다. 달관자의 자리에서 주인공에게 관하는 순수한 영혼의 시어를 만나보자.

>하나를 가지고
>열(十)을 만들고
>열(十)을 가지면
>불가능이 없는 우리입니다
>
>우리가 빚은 항아리는
>반듯하지만은 않습니다
>그러나
>쓰임에 알맞게
>꾸준히 만들어 내어
>제자리에 세울 수 있을 때까지
>흙을 손에서 떼지 않으렵니다
>
>그리고 담을 내용물은
>당신께서 준비하십시오
>
>　　　　　　－「주인공」 전문

주인공의 시선으로 비춰진다면 희망일 수도 있겠으나, 우리라는 존재는 하나를 가지고 열을 만들 자신감으로 버텨왔노라고, 만약에 열이 주어진다면 모든 것이 가능하다는 자리에 시詩로 버티면서 여기까지 올 수 있었노라고. 하오나 우리가 빚은 항아리는 욕심이라는 불순물이 첨가되어 중심축이 맞지 않아 반듯할 수 없음을 주인공에게 고백하는 겸손에 다다른다. 시의 구축 방편인 애매성ambiguity에 대입해 보면 '하나'라는 의미가 주는 거리는 가능이라는 가까움이나 '열'이라는 의미는 다소 거리가 느껴지는 형이상학形而上學적 개념인 무한대까지의 가능성을 내포하리라, 우리는 진흙에 불과 할 뿐 반듯하게 빚어지는 자리에도 주인공의 섭리가 따라야 하고 시인의 의지대로 '제자리에 세울 수 있을 때까지' 흙에서 손을 떼지 않겠다는 우뚝한 시심詩心은 궁극에서는 '담을 내용물은 당신이 준비하십시오'라는 순응하며 관하는 자리에 들면서 탈고 한다.

일공 시인의 시적 특질은 가벼운 듯 깊은 무게를 지님과 동시에 탄력까지 지녔다. 철학을 담으려는 의도는 감지하기 어려우나 한 번이 아닌 여 러번 접할수록 시 속에 철학이 상보相補적인 입장이어서 균형미가 돋보이고 침묵을 뛰어넘는 깊이의 표현이 내재되어 상당한 시적 경지임을 필자는 물론 독자들 또한 간파看破하리라. 시인의 작품 중「이른 봄」이나「봄, 봄」에서는 숫처녀의 가슴을 설레게 하던 봄바람을 만날 수 있고,「그대 돌아간 뒤에」에서는 시인의 텅 빈 외로움을 만날 수 있고, 「기약 없는 기다림」에서는 이리저리 엉키어 난리도 아닌 허무한 가슴을 만날 수 있고, 「아느뇨」에서는 시인의 목 타는 그리움을 만날 수 있고, 「향서香書」에서는 수행자의 마음으로 쓴 한시漢詩까지 만나는 기쁨에 도달한다. 시인의 시詩의 여정旅情에 문운文運의 빛이 환하게 비춰리라.

2. 명탁命濁 중생탁眾生濁 번뇌탁煩惱濁 견탁見濁
   겁탁劫濁의 승화

　장자莊子의 '만물제동'의 이치는 하늘과 바다가 어디쯤에서 하나로 결합하고, 이곳과 저곳이 어디쯤이면 하나로 합하는 것은 지구의 둥근 원리와 맞닿아있듯이 인간의 진리 또한 자연의 진리와 분리되는 것이 아닌 것과 같은 이치이다.
　비와 바다가 슬며시 하나로 결합하는 천의무봉天衣無縫의 순리에 따르는 이치로 화할 때, 시적인 묘미 또한 뒤 따른다. 때문에 시를 쓰는 일은 자연을 배우며 자연의 이치에 순응하면 되는 것이다.
　봄여름 가을겨울 사계四季가 저절로 오가듯 시詩도 매듭이 없는 상태에서 지고至高한 기쁨을 체득 할 수 있기 때문이다. 비단 종교적인 개념을 배제하고라도 시는 순환의 논리에서 비로소 합리적인 결합이 이뤄진다. 시인의 시작詩作에 자연예찬이 많음도 이러한 명상에서 출발한 제작법인 셈이다. 다시 말해 사물의 모습은 단순한 사물이 아니라 이전의 어떤 것과 상관하여 현상적인 실재가 있다는 발상-연기緣起에 이어진다.

시인의 작품 중에서 「요즘 混濁, 어찌해야」를 만나보자.

    벗님아
    방독면 같이 촘촘한
    마스크를 쓴 나를
    탓하지 말게

    어름사니가
    씨(時)줄과 날(日)줄 위에서
    외줄타기 하 듯
    오로지
    눈앞에 보이는
    생명 줄에만 집중하고
    사는 건 아닌지

    - 중략 -

    오탁악세五濁惡世에 물든

우리들

　　이미 그렇게

　　둔탁해진 탓이 아닐까

　　- 생략 -

　　　　- 「요즘 혼탁*混濁*, 어찌해야」 일부

　'어찌해야' 하는 표현은 막다름에 이른 절망의 호소이자 탄식이다. 무수한 날들이 마스크라는 답답한 페르소나에 가려지고 우리들의 호사스럽지도 않은 일상조차도 족쇄*足鎖*에 채워졌다. 어름사니가-외줄타기를 남사당 말로 아슬아슬한 얼음판을 걷는 듯 하다해서 '얼음' 이라 하고, '사니' 는 사람과 신의 중간이라는 뜻으로 쓰인다. -남사당패에서 외줄을 타듯 여차하면 낙상할세라 생명부지에만 집중하고 사는 현실을 시인은 괴로워한다.

　중세시대 페스트라 불리는 흑사병은 유럽인구의 $\frac{1}{3}$의 목숨을 앗아갔다,

　그 시대는 의술*醫術*이 지금에 턱없이 못 미칠 때라 요한이라는 유대인이 우물에 세균을 퍼뜨렸다는 모함으로 마을마다 수천 명을 화형*火刑*에 처하는 무고한 희생이 빈번했다. 그 탓에 노동력이 부족해 진 유럽은 급기야 손이 덜 가는 포도밭을 만들게 되고, 산업은 기계화를 꾀하다 보니 그것이 르네상스의 초석이 되었음을 역사는 증명하고 있다.

지금은 21세기, 로봇이 인간을 능가하는 최첨단 시대임에도 covid19라는 바이러스로 해를 넘기는 어려운 시간임에야, 출가하신 수행자든 속세에 사는 범인凡人이든 참으로 견디기 힘든 상황에 직면해있는 참담함에 놓여있다. 긍정의 시각으로 바라보면 이 바이러스 또한 우리에게 또 다른 르네상스를 가져다줄는지는 두고 볼 일이다.

시인은 스모그, 미세먼지, 황사, 초미세먼지를 일컬으며 이미 오탁악세五濁惡世에 물든 먼지 같은 우리들 심성을 겨냥하는 교훈을 던진다. 이는 나긋한 시어가 아니라서 필자도 숙연함에 젖는다.

3. 청정심淸淨心에 승화된 자연의 가을소묘

시詩가 무엇인가는 시를 쓰는 시인조차 모른다는데 동의할 것이다. 이는 인간이 무엇인가와 등가等價를 이루는 표현이기 때문이다. 그러나 비유로 접근하는 방법은 있다. 영국의 시인이자 평론가인 매슈 아널드의 "시와 종교가 같다" 라는 비교에서 종교의 정의와 시의 정의가 상통점을 가질 수 있기 때문이라 말한다. 종교는 행동에 의해 선善의 지고至高점을 찾아 나서고, 시는 감동의 출구를 통해 지고至高에 도달한다.

선과 감동은 투명하고, 아름답고, 순수하고, 오로지 깨끗함에서 보일 수 있는 세계에의 감동과 일치하기 때문이다. 시는 그런 감동의 정점에 있다. 이를 찾아가는 길은, 자발성에 의해서 열리는 세계 혹은 보이는 세계가 되지만, 시는 지적인 작업이라는 데서 차이가 남는다. 때문에 시인의 작품에 창조라는 이름의 헌사獻詞가 붙는 것이다.

일공시인은 완벽한 조화를 이룬 자연이 보여주는 기하학적인 아름다움을 시제로 창조한 작품이 주를 이룬다. 시인의 작품 중에 「가을이 온다」「가을 연희」「가을여행」「추억담은 가을」「가을」「가을소묘」「가을밤 사유」「가을 선물」 등 가을을 다룬 시제가 주류를 이룬다. 그 중에 「가을이 온다」를 만나보자.

> 내 마음을 묻어
> 그대에게 여름을 포장해
> 보낸 지가 언제인데
>
> 낙숫물에 묻혀
> 흘러퍼지는 흙내음이
> 고향 맛을 느끼게 하네
>
> 어느새 이렇게 무뎌진
> 여름을 보낸 뒤
> 내 마음을 들여다 본다

가을이 온다
내 맘 들락날락
네 맘은 몰락몰락

아직 영글지 않은 채
떨어지는 땡감 내음 비릿하다

- 「가을이 온다」 전문

시인의 정신은 항상 자기 고백의 통로를 갖고 의식을 분출한다. 이는 집중적인 현상일 뿐만 아니라 삶의 숙련성과 환경의 결합이 빚어주는 정서의 특성일 수 있다. 가을이 시인에게 특별한 정서의 감흥을 주었기 때문에 가을의 이름들이 여러 빈도로 얼굴을 내민다.

시가 마음의 그림을 언어로 표현하는 길 찾기라면 마음은 시인의 정서가 응축되어 나오는 진원지로 인식된다. 마음을 실어오는 것은 이미지를 모색하고 발굴하는 공간이지만 시심詩心의 종자가 저장된 수원지水源池와 같은 상징이기 때문이다.

일공 시인은 가을을 무척 좋아하기도 하지만 가을을 무척 타는 심연을 지녔다. 이는 가을이 주는 뉘앙스에서 고독한 생의 위안을 받을 수 있고 에너지 확충의 길을 찾을 수 있기 때문이리라.

'그대에게 여름을 포장해'에서 시의 애매성으로 볼 때 '

그대가' 여인인지 석존불인지 애매하나 4연에서 '내 맘이 들락날락, 네 맘은 몰락몰락'이라는 표현을 미루어보아 석존불은 아닌 듯하다.

내 마음을 보낸 지가 언제인가. 무더진 여름을 지나 가을이 오는데 '아직 영글지 않은 채'라는 체념적 기다림에서 땡감으로 떨어지는 비릿함을 맡으며 탈고를 하는 시인의 고독한 그늘을 마주한다.

언젠가 잘 익은 홍시의 달콤함으로 시인에게 희망이 될 그대로 다가오기를 필자도 응원한다.

4. 별을 헤이는 주인공의 사색

아름다움에서는 착한 미감美感을 느낀다. 시가 궁극적으로 아름다움을 일으키는 일이라면 종교와 예술은 명칭에서의 차이를 가질 뿐, 본질에서는 크게 어긋난 궤도를 갖는 것은 아니다.

단지 종교는 절대의 구분이 있지만 예술은 절대성을 갖지 않는다는 차이로 구분이 될 것이다.

종교인이 시를 쓰는 일은 종교적인 마음을 더욱 상승시킬 수 있다는 점에서 바람직한 일이다. 그러나 시를 쓰는 일은 매우 지난至難한 일이다.

첫째는 시를 쓰기 위해서는 시적인 장치를 습득하는 것-

글쓰기에서 가장 고급한 행위에 속한다. 즉 함축이라는 언어 운용에서 오는 비유와 상징 혹은 알레고리 등을 이해한다는 것은 언어의 정점을 이해하는 노력이 절대적이어야 한다.

심금을 울리는 설법說法이 언어의 결합에서 오는 감동이라 대입하면 쉽게 이해가 된다.

둘째는 시를 생각하는 것은 진실한 옷을 입어야 한다. 진실만이 감동을 줄 수 있는 길이기 때문이다.

세 번째는 시인이란 이름에서는 욕망이 앞서지 않고 오로지 미적 감수성을 생각하는데서 겸손한 사람이 될 수밖에 없다. 이런 이유를 합하면 시인이라는 명칭과 종교인이라는 결합은 정서의 상승을 가져오는 전달에서 탁월 할 수 있다. 특히 응축적인 메시지 전달에서 시인의 언어 운용의 기교는 멋진 이미지를 생산할 수 있다는 결론에 이른다.

일공시인의 시가 그렇다. 「나비가 저절로 되나」를 만나보자.

>잠시 비가 내렸다
>늘 다스림이 필요한
>시간 속에서 살고 있다
>
>무엇을 얻었고
>무엇을 버렸는가

털어내기 바쁜 하루

시샘하는 마음은

지금도 곁에서 맴돌고 있다

어디에 계시다가 이제 오셨나요

인연의 꽃

놓지 못한 세월만 안고

이제야 만납니다

- 「나비가 저절로 되나」 전문

'나비'는 '날다'에서 나온 말로 '날비'가 그 어원이다. 나비는 애벌레, 번데기, 성충의 시기를 거치는 완전탈바꿈 과정을 통해서만이 성장한다. 곤충의 한 살이에서 번데기 과정이 없다면 불완전한 탈바꿈이라 한다.

미국계 영국시인 T. S, Elliot은 종교시는 3류 시라고 일 갈했다. 하지만 시인은 스님의 위치이면서도 시인의 시에서는 좀처럼 그런 느낌을 접하기 어려운 환치換置망을 치고 있다. 그런 점에서 독자의 지적 수준에 의해서만이 감지할 수 있는 길을 두었기에 시어가 더욱 신선하고 깊이가 있다.

이는 시적 구축이 이미 경지에 오른 시의 여정이 지난했음을 짐작할 수 있다.

'무엇을 얻고 무엇을 버렸나'를 화두로 삼고 늘 내면을

정진하는 수행을 엿볼 수 있다. 내면에 털어내야 할 여러 요소들로 바쁘다 표현하는 시인의 겸손은 독자들에게도 마음 챙김의 행로에 다가서게 한다.

'어디에 계시다 이제 오셨나요' 에서 시인은 번데기를 벗어나 성충에 접어드는 단계에 진입하면서, '이제야 만납니다' 에서야 비로소 한정된 여백 넘어 감춰진 고통의 세월 속 허물을 벗고 나비로 승화되는 인연의 꽃으로 피워내는 환희를 만난다. 비로소 시인은 나비에 투영되어 훨훨 세상에 진리를 알리는 아름다운 이름이 된다. 시인의 작품 중에 「통증」에서는 바람 같은 외로움을 만날 수 있고, 「만추」에서는 빠알갛게 물들어가는 가을타는 시인을 만날 수 있고, 「꿈 많은 가을밤」에서는 별을 헤아리는 시인의 마음을 만날 수 있고, 「며칠만이라도」에서는 매리붓다마스 시기에 느끼는 시인의 한해를 보내는 아쉬움을 만날 수 있다. 이 외에도 주옥같은 시어들의 노래가 독자에게 큰 기쁨으로 전달되리라 필자는 확신한다.

5. 이순耳順에 돌아보는 회상回想

세월의 켜가 두꺼울수록 경험의 철학은 깊어진다. 구분 없음에서 구분이 생기고, 없음과 있음이 모두 구유具有되는 자재自在의 마음이 된다.

욕심이 들어오면 물결은 관조觀照의 경지를 벗어나 흔들리는 파문에 일그러진다. 불가佛家의 말로는 진여眞如를 잃게 된다는 의미이다. 나이가 들었다고 해서 모두가 그런 것은 아닌 일- 깨달음은 아무에게나 일어나는 이름은 아니다. 고난 즉 파도의 세월에서 자화상을 찾고 지키려는 노력이 있을 때, 비로소 안정감의 경지에 이를 수 있기 때문이다.

노련한 뱃사공은 파도를 타고 진행하지 파도를 거스르면서 배를 진행하지 않는 이치와 같음이다. 「회상」은 그런 뉘앙스의 작품이다.

오늘은 서라벌에
하얀 눈방울 뿌려
가슴을 깊이 후벼파더군요

첫눈이 오면 만나자고 했던 약속
숱한 세월을 보내고
이순을 맞이했습니다

- 생략 -

한 해 동안 과연 무엇을 했을까
반성의 시간

번민과 후회와 한숨부터 풀어냅니다

– 생략 –

가슴에 깊은
상처를 주지 않는 힘을 지닌
겨울의 아름다운 꽃
그런 눈雪이었으면 좋겠습니다

- 「회상」 일부

   공자孔子는 나이 15세에 지학志學, 30세에 이립而立, 40세에 불혹不惑, 50세에 지천명知天命, 60세에는 귀가 순해진다고 이순耳順이라 했다.
   소리는 귀로 들어와 마음으로 통하기 때문에 이순耳順이 되면 거슬리는 바가 없고 아는 것이 지극한 경지에 이르기에 생각하지 않아도 저절로 얻어지는 경지에 이르러 "말을 들으면 미묘한 점까지 모두 알게 된다"거나 남의 말을 듣기만 하여도 그 이치를 깨달아 이해한다는 뜻이다.
   일공 시인은 언제나 자신감 넘치는 청춘으로 남으리란 착각에서 벗어나려는 자신을 마주한다.
   '웃음 줄고, 몸에 윤기도 사라지고' 용기마저 줄었다고 인정하는 자리에 서게 된다. 하지만 필자의 시선엔 하얀 눈방울에도 가슴이 후벼 파이는 오롯한 감성으로 짐작하건데

시인은 아직도 늘 푸른 봄 나이에 서있다.

   생각이 늙지 않으면 나이는 숫자일 뿐이다. 더욱이 천생 시인의 신선한 정서는 '첫눈이 오면 만나자고 했던 약속'을 기억하는 가슴 따뜻한 회상으로 눈꽃을 마주한다. 그 눈꽃은 —뜨거운 열기를 식혀줄 상당성을 부여하면서 한해를 반성으로 마무리하는 안정감으로 탈고를 하는 노련미를 보인다. 시인의 시적 여정旅情과 치켜세운 시적 깃발에 가피加被가 충만하리라는 믿음이 선다. 일공시인의 시는 그렇게 깊고 신선하다.

7. 에필로그 – 시인의 불심佛心 혹은 선禪적 뉘앙스

   동양의 불교는 생의 이치와 신이 없는 철학이다. 그렇기 때문에— 맹신이라는 말이 없고 오로지 자기 닦음에 목표와 지향을 둔다. 더욱이 타인의 허물을 보는 것이 아니라 자신의 허물을 들추어 제거할 목적으로 부처님 전에 희원希願을 드리는 것이기에 이는 간섭이 없는 자화상을 찾는 일이다. 이런 팔정도八正道에 들어선 시인의 시적 특질은 이런 기저基底에서 건져 올렸기에 정적이면서 절제와 간결미를 갖춘 안정감이 숲을 이룬다. 사족蛇足은 물론 조미료조차 전혀 가미하지 않은 맑은 시어들은 깨끗한 자연 그대로를 보여주는 담백함까지 겸비한 시적 내공을 지녔으니 시인

만의 개성 있는 작품들은 논지를 마치는 필자에게도 큰 기쁨으로 남는다. 일공 시인의 시는 그렇다.